LE MARCHÉ
AUX
FLEURS.

LE MARCHÉ AUX FLEURS,

DIVERTISSEMENT EN VERS;

À L'OCCASION DU MARIAGE DE S. M. L'EMPEREUR NAPOLÉON AVEC MARIE LOUISE, ARCHIDUCHESSE D'AUTRICHE.

PAR T. M. DU MERSAN.

Représenté sur le Théâtre de l'Odéon, par les Comédiens ordinaires de S. M. l'Impératrice, le 29 mars 1810.

PARIS,

DE L'IMPRIMERIE DE J. B. SAJOU,
Rue de la Harpe, n.° 11.

1810.

PERSONNAGES.

GOUTMANN, Jardinier allemand.	M. *Chazelles.*
LOUISE, sa fille.	M.lle *Fleury.*
LAVALEUR, Invalide jambe de bois.	M. *Péroud.*
LAFRANCE, jeune Militaire, son fils.	M. *Firmin.*
LAVIRON, batelier.	M. *Roland.*
JAVOTTE } Jardinières.	M.lle *Regnier.*
MARIE } Jardinières.	M.lle *Delille.*
ROSSIGNOL, Marchand d'oiseaux.	M. *Armand.*
CRINCRIN, Chanteur public.	M. *Clozel.*
PLATRINET.	M. *Walville.*

La Scène est au Marché aux Fleurs.

LE MARCHÉ AUX FLEURS,

DIVERTISSEMENT

EN UN ACTE ET EN VERS.

Le Théâtre représente le nouveau Marché aux Fleurs : au milieu une fontaine ; au fond le parapet, derrière lequel on aperçoit le quai Pelletier.

SCÈNE I.

Plusieurs JARDINIERS et JARDINIÈRES, LAVALEUR, GOUTMANN.

LAVALEUR.

Eh vous voilà, Goutmann !

GOUTMANN.

Ah ! c'est vous Lavaleur.

LAVALEUR, *lui tendant la main.*

Bonjour, mon cher ami.

GOUTMANN, *le saluant.*

Votre humble serviteur.

LAVALEUR.

Un peu plus d'amitié, moins de cérémonie:
De chez les gens bien francs, elle est toujours bannie.
Je vais réjouir mes amis :
J'ai des nouvelles de mon fils.

GOUTMANN, *froidement.*

Cela me fait plaisir.

LAVALEUR.

Qu'en dira votre fille :
Hein ?

GOUTMANN.

Cela charmera toute notre famille.

LAVALEUR.

Ce cher enfant, il est brave, ma foi.
Au combat, à la gloire, il ira comme moi.

GOUTMANN.

Sans doute à cloche-pied.

LAVALEUR.

Quelle idée est la vôtre ?
A la gloire l'on va tout aussi bien qu'un autre,
Quoique l'on ait une jambe de bois.

GOUTMANN.

Nous causerons une autre fois,
J'ai certaine affaire pressante....

LAVALEUR.

Est-ce que celle-ci n'est pas intéressante ?
Ne devinez-vous pas ce dont il s'agit ?

GOUTMANN.

Non.

LAVALEUR.

Mais quel diable de jargon.
Goutmann, Louise est jolie
Comme les fleurs qu'elle vend;
Mon fils l'aime à la folie,
Elle le chérit bien autant.
Dans sa lettre il me rappelle
Un projet cher à son cœur
Enfin de s'unir avec elle
Il fera tout son bonheur.
Auriez-vous donc changé d'idée?

GOUTMANN.

Vous pensez encor à cela?

LAVALEUR.

La chose étoit décidée.

GOUTMANN.

Fort bien : mais depuis ce temps là,
Il est venu s'offrir certain gendre assez riche.
Ce n'est pas que je tienne au bien :
Cependant votre fils n'a rien ;
Il est de plus prisonnier en Autriche
Et n'est pas près de revenir.

LAVALEUR.

Mais la guerre vient de finir.

GOUTMANN.

Pour recommencer de plus belle.
Vous ne savez nulle nouvelle :
Moi je suis politique et je sais tout cela.

LAVALEUR, *à part.*

Que ne puis-je parler! mais mon fils recommande
Le plus profond secret (*haut*) pourtant je vous demande...

GOUTMANN.

Que votre fils revienne et pour lors on verra.
Bonjour.

SCÈNE II.

LAVALEUR.

Ah morbleu je commence
A me désespérer pour mon pauvre Lafrance.
Sachons du moins si la fille a changé.
Et, comme le Papa lui donne son congé,
Jusques là j'ai quelqu'espérance.

SCÈNE III.

LAVALEUR. JAVOTTE.

JAVOTTE, *criant*

Des bouquets à mettr' dans les pots.
Voyez, voyez comme ils sont beaux!
D's œillets, des ros'!....

LAVALEUR.

Ah! Javotte qui passe
Et qui connoît tout le quartier,

Pour bavarder ne se fait pas prier.
Je saurai d'elle.... Eh! Javotte, de grâce
Un mot.

JAVOTTE.

Bonjour, Pèr' Lavaleur.

LAVALEUR.

Ça va-t-il bien?

JAVOTTE.

J'ons la gaîté dans l'cœur.
Je n'avons pas l'sou dans la poche :
Mais aussi j'sommes sans reproche.
Pas de fortun', pas d'embarras.
J'en connoissons qu'on voit dorés du haut en bas,
Qui troqueriont ben leur dorure
Et leurs laquais et leur voiture
Contre un p'tit brin de not' gaîté,
De nos plaisirs et d'not' santé.

LAVALEUR.

Ah dame, vous êtes heureuse;
Mais vous n'êtes pas amoureuse.

JAVOTTE.

Oui da, d'mandez à Laviron,
Un gros gaillard, un ben joli garçon,
Sensible comme un' tarjeudie;
J'ons promis amour pour la vie;
Dam', voyez-vous, l'on sent battre son cœur,
Et sans amour, pas de bonheur.

LAVALEUR.

Du moins il n'est pas de barrière
Entre votre amant et vous.
Quand vous voudrez vous deviendrez époux :

Mais Louise, la jardinière,
Ne jouit pas d'un sort si doux.

J A V O T T E.

Pourquoi qu'all' prend un militaire?
Je sais ben qu'c'est gentil de fair' son embarras
Avec un uniform' sous l'bras.
Et que c'est un bel avantage
De pouvoir dire : mon amant
S'ra quelque jour coronel ou sergent.
Moi je suis moins fière et plus sage,
J'ai pris tout bonn'ment un marin.

L A V A L E U R.

C'est encor pis pour avoir du chagrin.
Car il ne faut sur mer qu'une secousse....

J A V O T T E.

Ecoutez-donc, c'est un marin d'eau douce,
Et qui n'a jamais vu d'Anglois
Qu'cheux les traiteurs et cheux les cabarets.

L A V A L E U R.

Parbleu, de me servir il vous seroit possible;
Car un cœur qui connoît l'amour
Aux autres se montre sensible.
Il faut m'obliger.

J A V O T T E.

Quel bon tour!
Quoi, Père Lavaleur, oubliez-vous vos rides?
Vous au nombre des soupirans.

L A V A L E U R.

Oh! c'est fini depuis longtemps,
L'Amour ne voudroit pas loger aux Invalides.
Voilà le fait; Goutmann, jardinier allemand,
Ne veut plus à mon fils marier son enfant.

Et je voudrois, grâce à vos soins, connoître
L'heureux rival qu'il a. Vous le savez peut-être.

JAVOTTE.

Oui je le sais et je l'ai pris au vol.
Ce beau rival, c'est monsieur Rossignol,
Marchand d'oiseaux du quai de la Féraille.

LAVALEUR.

Lui son rival! Javotte raille.

JAVOTTE.

Non pas.

LAVALEUR.

Mais c'est un sot.

JAVOTTE.

Et ben, c'est fort heureux.
Il en sera moins dangereux.
Chaque jour il apporte à la belle Louise
Quelques serins ou quelques sansonnets,
Et lui débite pour devise
C'qu'il apprend à ses perroquets :
Mais n'croyez pas qu'elle s'arrête
A croire tous ses biaux discours,
Quand il parle de ses amours,
C'est comm' s'il jouoit d'la serinette.

LAVALEUR.

Corbleu, vous me faites plaisir :
Ne pourriez-vous, par une ruse,
Ecarter quelque peu cet amant qui s'abuse,
Pour donner à mon fils le temps de revenir?

JAVOTTE.

Vot' fils Lafrance est un amant fidèle,
Et j'aimons çà. Tromper l'autr', bagatelle.
Louise s'ra pour son premier amant.

C'est vraiment une rose; elle doit la naissance
A ce jardinier allemand :
Mais c'te ros' là s'ra pour Lafrance.

LAVALEUR.

Comptez sur ma reconnoissance :
De vous la témoigner j'ai le plus vif desir.

JAVOTTE.

Rien que d'vous obliger j'suis heureus' comme une reine.
Aux hommes ce qui fait plaisir,
Aux femmes ne fait jamais d'peine.

LAVALEUR.

Adieu, pour consoler notre jeune amoureux,
Et l'assurer qu'il est encore heureux,
Sur le champ je lui vais écrire
Tout l'intérêt qu'il vous inspire.
Lui-même peut-être en ces lieux
Plus tôt que l'on ne croit vous remercira mieux.

SCÈNE IV.

JAVOTTE.

Bon, voilà Rossignol que le hasard m'envoie,
Faut un p'tit brin troubler sa joie.

SCÈNE V.

JAVOTTE, ROSSIGNOL, *portant une cage avec un perroquet.*

ROSSIGNOL.

Le Papa Goutmann aujourd'hui
M'a promis d'être mon appui;
Sur Louise à la fin j'aurai donc la victoire :
Chante heureux Rossignol tes amours et ta gloire.

JAVOTTE.

Bonjour l'amour.

ROSSIGNOL.

Mamselle, serviteur.

JAVOTTE.

Que porte-tu dans cette cage?

ROSSIGNOL.

Un perroquet, Mamselle.

JAVOTTE.

Il est pour moi je gage.
Le présent est vraiment flatteur;
Quand j'entendrai parler c'te bête,
A toi je pens'rai sur le champ.

ROSSIGNOL.

Mamselle est vraiment fort honnête;
Mais pour une autre est mon présent.
Je le destine à l'aimable Louise;

Il n'est plus temps que mon choix se déguise,
Et je l'aime à perdre l'esprit.

JAVOTTE.

Toi perdre l'esprit; pas possible.

ROSSIGNOL.

Mais croyez donc ce qu'on vous dit.

JAVOTTE.

Va, pour une autre elle est sensible.

ROSSIGNOL.

Peu m'importe. Son père est un très-bon enfant
Que j'ai su rendre accommodant;
Car pour traiter, moi je finance.

JAVOTTE.

Mon Dieu, je connoissons ben çà.
C'nest pas la première alliance
Qui s'ra faite par ce moyen là.
Mais ton rival est militaire,
Brave et français : note ces deux points ci.

ROSSIGNOL.

Ah ! parbleu je ne le crains guère,
Car je sais qu'il est loin d'ici.

JAVOTTE.

Prends garde. Les Français vont vîte.
On sait qu'ils port' souvent leurs pas,
Tout justement où c'qu'on n'les attend pas.

ROSSIGNOL.

Pour ne pas craindre sa visite,
Je m'en vais me mettre en devoir
De me marier dès ce soir.
Quand il arriveroit demain de très-bonne heure,
Il viendroit cependant trop tard.

JAVOTTE.

Il a trop d'esprit : j'crains qu'il n'meure.

ROSSIGNOL.

Mais on en a sa bonne part.

JAVOTTE.

Quand les affaires s'ront terminées,
Jarni que d'bell's abandonnées.
J'te connoissons, et j'sais qu'tes réputé
Le Lorvelas de la Cité.

ROSSIGNOL.

Bon; je n' m'en étois pas douté.

JAVOTTE.

Pauvre enfant, c'est que t'es modeste.
Marie en tient pour toi de reste,
Et moi-même, sans ma pudeur,
J'taurois déja déclaré mon ardeur.

ROSSIGNOL.

Du sort bizarrerie extrême!
Rossignol, faut-il être hélas,
Aimé de ce qu'on n'aime pas
Et détesté de ce qu'on aime!

JAVOTTE.

Il falloit mieux fixer ton choix.

ROSSIGNOL.

Ah! le cœur d'un amant ne choisit pas deux fois.

JAVOTTE.

Voyons, me trouves-tu jolie?

ROSSIGNOL.

Charmante; et si je vous aimois,
Ce seroit à la folie.
Je suis extrême en tout. Je me porte aux excès.
Jouet des passions qui boul'versent mon ame,

Tout agréable objet me séduit et m'enflamme :
Si je n'aimois Louise avec autant d'ardeur,
Javotte seule auroit mon cœur.
(*Il met un genou en terre*).

SCÈNE VI.

LAVIRON, ROSSIGNOL, JAVOTTE.

LAVIRON, *au fond.*

Eh ben ! est c'que j'ai la berlue:
Un homm' aux g'noux d'Javotte au milieu de la rue.
(*S'approchant*).
Ne te gênes pas, hé! mon fils :
Répèt' moi donc c'que tu lui dis.

ROSSIGNOL.

Ciel!

JAVOTTE, *jouant la frayeur.*

Laviron, je suis perdue!

ROSSIGNOL.

Monsieur le batelier, que vous importe à vous?
Pouvez-vous m'empêcher de me mettre à genoux.

LAVIRON.

D'vant mon objet, jarni! si tu desser' la bouche,
J'tempaille comme un oiseau mouche.

ROSSIGNOL.

On devroit bien défendre à ces vauriens
De troubler le repos d'honnêtes citoyens.

LAVIRON.

Ah, tu fais l'raisonneur! avance ici Javotte.

JAVOTTE.

Eh ben, voyons! d'quoi q'tes jaloux?

ROSSIGNOL.

Est-ce que vous croyez que je fais les yeux doux?....

LAVIRON.

Si tu desser's une quenotte!

JAVOTTE.

Laisse-nous donc parler, si tu veux tout savoir.
Et tu verras qu'tas tort d'nous en vouloir.

LAVIRON.

Eh ben, voyons! conte ton conte.

JAVOTTE.

De ta colèr' t'auras d'la honte.
Cet oiseau là, c'est monsieur Rossignol,
Instituteur de s'rin et de linotte,
A qui qu'il fait chanter *re*, *mi*, *fa*, *sol*;
Mais qui ne f'ra jamais rien chanter à Javotte.

ROSSIGNOL.

Et pour vous rassurer, apprenez, s'il vous plaît,
Que je chéris un autre objet.

JAVOTTE, *bas.*

Chut!

ROSSIGNOL, *de même.*

Comment?

JAVOTTE, *de même.*

Ne va pas lui parler de Louise.
Lafrance est son ami.

LAVIRON.

Dis donc, beau perroquet,
Le nom de cell' pour qui t'as l'ame éprise.

JAVOTTE.

Apprends que c'est Marie : elle est belle, ma foi.

ROSSIGNOL.

Oui, c'est elle.

LAVIRON.

Tu vas lui dire devant moi ;
Car je la vois qui vient.

ROSSIGNOL.

Que le Diable l'emporte;
Vit-on jamais embarras de la sorte.

SCÈNE VII.

Les mêmes. MARIE, *accourant.*

MARIE.

Ah ! mes amis, venez accourez tous ;
V'là du nouveau.

JAVOTTE.

Qu'est-ce-donc !

LAVIRON.

Qu'avez-vous ?

MARIE.

J'allons danser, chanter et rire.
Vous savez la nouvelle.

JAVOTTE.

Achev' : que veux-tu dire ?

MARIE.

Eh quoi! vous n'savez pas l'mariage qu'est en train ?

TOUS.

Non.

MARIE.

D'vinez.

ROSSIGNOL.

C'est le mien.

MARIE.

C'est la belle Louise,
L'Allemande. Un Français va recevoir sa main.

ROSSIGNOL.

Oui c'est à *moi* qu'elle est promise.

MARIE.

A vous, mon cher, êtes vous fou?

LAVIRON.

Mais est-c' que vous l'êtes itou ?
Queu quiproquo d'un' Louis', d'une Allemande!
Permettez que j'fasse un' demande :
C'n'est donc pas d'vous que l'drôle est amoureux?

MARIE.

Amoureux d'moi, je lui conseille,
S'il veut s'fair' couper une oreille;
Mon amant n'voudroit pas êtr' deux.
C'est Crincrin l'musicien dont j'dois être la femme;
Et qui lui chant'roit ben sa gamme.

ROSSIGNOL.

Moi! de vous est-ce que je veux?
Non! Louise seule a mes vœux.

MARIE.

Eh ben! la nouvelle est plaisante.

ROSSIGNOL.

Le Papa l'a permis.

MARIE.

Faites attention....

LAVIRON.

Expliquez-vous.

MARIE.

Mais la chose est constante;
Déja de tous côtés l'on chante
Le bonheur que promet cette heureuse union.

LAVIRON.

Ah parbleu l'quiproquo m'enchante!
On parloit de c't'hymen heureux
Qui des Français va combler tous les vœux;
Et cet original croit que d'lui l'on s'occupe.

ROSSIGNOL.

Du nom j'étois ma foi la dupe.

LAVIRON.

Ah le drôle de corps; tiens, v'là l'jeune tendron
Qui te fait perdre la raison.
Mais, mon cher, j'ten préviens d'avance,
Tu n'le souffleras pas à not' ami Lafrance.

SCÈNE VIII.

Les mêmes. LOUISE, GOUTMANN.

GOUTMANN.

Eh bien! enfans, ce jour est beau pour tous;

Chacun prendra part à la fête.
En ces lieux qu'est-ce qu'on apprête?
De vous bien signaler, vous montrez-vous jaloux.

LOUISE.

Et dans la publique allégresse
Mon père me fait du chagrin.
Il veut contre mon gré disposer de ma main.
Ce n'est pas là me prouver sa tendresse.

ROSSIGNOL.

M'épouser est-il un malheur?

LOUISE.

Non pas : mais j'ai donné mon cœur,
Et je veux que ma main le suive.

GOUTMANN.

Morbleu! que ton amant arrive,
Et je te le promets, il recevra ta main.
Mais je l'ai dit, je veux célébrer ton hymen
Le même jour que l'on doit faire
Celui de notre auguste Père,
De notre excellent Empereur;
Car cela doit porter bonheur.

LOUISE.

Je crois à cet heureux présage.
Du bonheur qui partout le suit,
Napoléon a plus d'un gage.
Sous son astre tout reussit.
Mais, mon père, croyez que l'aimable Princesse
De qui, des nœuds sacrés vont faire le bonheur,
En les formant fut sa maîtresse,
Et qu'on a pris le soin de consulter son cœur.

LAVIRON.

Sans doute, Pèr' Goutmann, sacrifier c'te jeunesse,
Ça s'roit aller contre l'bon sens.

JAVOTTE.

Le premier bien c'est d'vivr' contens;
Mieux vaut un charbonnier qu'on aime
Qu'un Crésu que l'on n'aime pas.

MARIE.

Vot' fille a du cœur et d'bons bras,
Pour Lafrance un amour extrême;
Eh ben! ils travaill'ront tous deux
Et trouv'ront l'moyen d'être heureux.

LAVIRON.

Jarni, Lafrance est dans l'service;
Le général qu'il sert aime à récompenser.
Il suffit qu'la bravoure au mérite s'unisse,
Pour qu'on soit sûr de s'avancer.

ROSSIGNOL.

Vous plaidez bien pour moi, je vous en remercie.

LAVIRON.

Tu n'mérit' pas un' femm' aussi jolie.

LOUISE.

Mon père, suspendez quelques jours seulement.
Puisqu'enfin le Français s'unit à l'Allemand,
Les prisons vont s'ouvrir, et par un doux échange
Chacun va revoir son pays.

GOUTMANN, *s'essuyant les yeux.*

Moi je crois que je m'attendris;
Ma fille parle comme un ange.

SCÈNE IX.

Les mêmes. CRINCRIN.

CRINCRIN *entre en jouant du violon et en chantant*

Le premier pas
Se fait sans qu'on y pense, etc.

LAVIRON.

Tiens voilà notre ami Crincrin.
Bonjour mon vieux; as-tu quelque chanson nouvelle.

CRINCRIN.

Oui mes amis, je vais me mettre en train,
Et vous gratter ma chanterelle
D'une façon qui vous fera plaisir.
Sans doute qu'aujourd'hui chacun veut s'divertir;
Vous savez la bonne nouvelle.

JAVOTTE.

Le Mariage d' not' Emp'reur.

CRINCRIN.

Oui da : mais c'nest pas tout : c'bon Père Lavaleur,
Vous le connoissez tous; sa joie est excessive.
On l'voit courir, chanter, se démener.

LOUISE.

Oh mon Dieu, si c'étoit.... Je n'ose deviner.

CRINCRIN.

C'est que son fils, Lafrance, arrive.

LOUISE.

Lafrance, quel bonheur!

ROSSIGNOL.

Ah! Cet heureux retour
Est malheureux pour mon amour.

LOUISE.

Vous me l'avez promis, mon père....
Que la France revienne, il sera ton époux.
Et vous ferez notre noce, j'espère,
Le même jour que l'on doit faire
Celle de la Princesse et de notre Empereur;
Car cela doit porter bonheur.

TOUS.

Vous l'avez dit!

GOUTMANN.

Je tiendrai ma promesse.

LAVIRON.

Bien parlé, Pèr' Goutmann. Amis, il faut qu' ce jour
Soit consacré par un' double allegresse.
De notre ami fêtons le r'tour:
A notre Emp'reur marquons notre tendresse;
A sa Compagne, notre amour;
Et prions l'Ciel qu'ils soient heureux sans cesse.

JAVOTTE.

J'allons nous r'quinquer un p'tit brin,
Pour danser c'soir : nous te r'tenons Crincrin.

(*Ils sortent*).

MARIE.

J'vas chercher tout' nos jardinières;
J'aurons des fleurs pour garnir vingt parterres.

(*Elle sort*).

SCÈNE X.

GOUTMANN, LOUISE, ROSSIGNOL, CRINCRIN.

CRINCRIN.

J'boirons un coup pour mieux graisser l'archet :
Un verr' de vin, voilà ma colaphane.

ROSSIGNOL.

Moi, Monsieur Goutmann, je me damne,
Et je m'en vas avec mon perroquet.
(*Il sort*).

GOUTMANN.

Que veux-tu, le hasard a fait tourner la chance.

LOUISE.

Ah! mon père, voici la France.

SCÈNE XI.

CRINCRIN, GOUTMANN, LOUISE, LAFRANCE, LAVALEUR.

LAFRANCE, *accourant*.

Chère Louise, enfin je te revois ;
Un moment a payé tout le temps de l'absence.
(*à Goutmann.*) Monsieur!...

GOUTMANN.

Embrasse-là deux fois.

Pour son amour et puis pour sa constance.

LOUISE.

Ah! que tu reviens à propos;
Tu vas m'éviter bien des maux.

LAFRANCE.

Je te revois toujours plus belle,
Et de plus encore...... fidèle.

GOUTMANN.

Oui, mon gendre, je te le dis,
Pour l'amour, elle est de Paris;
Pour la constance, elle est bonne Allemande.

LAVALEUR.

Chers enfans, que ma joie est grande
De vous voir enfin réunis.
Ah! quand j'ai vu la paix se faire,
Je ne sais quel pressentiment
Me disoit qu'un plus doux moment
Viendroit charmer mon cœur de père.
Morbleu! disois-je quelquefois,
Tout en buvant à l'union des Rois;
Entre l'Autriche et la France,
Nous verrons une autre alliance:
L'Amour s'est chargé de ce soin.

LAFRANCE.

Mon père, j'en suis le témoin.
En Autriche, j'ai vu la charmante Princesse:
Les grâces, les vertus, tout en elle intéresse.
Ah! bénissons le nœud qui l'enchaîne à jamais
Et qui met en ses mains le bonheur des Français.

CRINCRIN.

Me r'tenez-vous pour vot' mariage ?
A vous fair' ben danser j'm'engage.
Pour juger d'mon talent, ainsi que de raison,
J'va c'soir vous en donner un bon échantillon.
(*Il joue trémoussez-vous*).

SCÈNE XII.

Les mêmes. PLATRINET, *une planche sur la tête avec des bustes, des oiseaux de plâtre*, etc.

PLATRINET.

V'là le marchand d'figur's en plâtre;
C'est plus beau que l'marbre et l'albâtre :
J'vous vends des perroquets, des femm', des marabous
Et tous les antiq' pour six sous.

CRINCRIN.

Eh voilà Platrinet avec sa p'tit' boutique.
Comment va l'commerc', mon garçon ?

PLATRINET.

Ah! d'une façon diabolique;
Je n'fais plus rien.

CRINCRIN.

Quoi tout de bon?

PLATRINET.

Autrefois je vendois Mirsiade, Solon,
Le Grand César et le vaillant Achille,

Législateurs, Guerriers, tout devient inutile,
On m'achète tout ça dans un Napoléon.

LAFRANCE.

Sans le savoir, cet imbécille
Fait de notre Empereur l'éloge le plus grand.
Mais je m'étonne encor qu'on en achète tant.

PLATRINET.

Pourquoi donc ça, mon cher.

LAFRANCE.

Et j'ai raison, sans doute;
A quoi bon le portrait de ce cher Empereur?
Tous les Français l'ont dans le cœur.

PLATRINET.

C'est vrai! me v'là ruiné; j'vas faire banqueroute!

LAFRANCE.

Non, mon pauvre garçon, il faut te rassurer.
Ton commerce doit prospérer,
Quoiqu'on l'ait dans le cœur, tu sais bien qu'on fait faire
Et qu'on aime à garder le portrait de son père.

PLATRINET.

Pourquoi donc m'fair' des peurs comm' ça.

GOUTMANN.

Apportes-en ici, l'on t'en achètera.

LOUISE.

Dis-moi, mon cher ami, veux-tu faire fortune?

PLATRINET.

Avec honneur? c'est un' chos' peu commune;
Eh morgué, qui n'accept'roit pas!

LOUISE.

Remplace cette marchandise
Par mille portraits de Louise.
Je t'en réponds, tu les vendras.

PLATRINET.

Pardin' l'idée est excellente:
Oui vraiment, j'suis sûr de ma vente.

GOUTMANN.

Et c'est moi qui vais t'étrenner;
Va chercher à l'instant un buste de la Reine,
Qu'à nos amis je veux donner
Pour placer sur cette fontaine.

PLATRINET.

Je cours vous le chercher et reviens à l'instant.
(*Il sort*).

SCÈNE XIII.

Les mêmes, excepté PLATRINET.

LAVALEUR.

Bravo, Père Goutmann, cette idée est fort bonne.

LOUISE.

Il faut que de ces lieux elle soit la patronne.
Moi, qui porte son nom charmant,
Du bonheur que promet son aimable présence,
J'ai le plus doux pressentiment.

LAFRANCE.

Eh bien moi, j'y crois doublement:
Oui, Louise fera le bonheur de la France!
(*ritournelle*).

CRINCRIN.

Ah! v'là du monde qui s'avance:
Ce sont les bateliers qui viennent en chantant.

SCÈNE XIV.

Les mêmes. LAVIRON, *à la tête des Bateliers.*

LAVIRON.

Air : *J'conviens avec toi mignonne.*

D'la Rapé, d'la Guernouillère,
V'là les bachoteux :
Ya là d'dans plus d'un compère
Qui j'dis rame au mieux.
Ils veul' fêter not' Monarque ;
C'est que ce Luron,
D'ceux qui savent mener leur barque,
Est l'meilleur patron.

SCÈNE XV.

Les mêmes. ROSSIGNOL.

ROSSIGNOL.

Quoiq' mon mariage aille à vauleau,
Loin de m'désoler comme un' bête,
Amis, permettez-moi de me joindre à la fête.
Je vais faire venir de bon vin un tonneau,
Et, tout en le vidant, moi je vous tiendrai tête.

LAVIRON.

A vous faire raison toute ma troupe est prête.

SCÈNE XVI.

Les mêmes. MARIE, JAVOTTE, les JARDINIÈRES, PLATRINET, *deux Hommes portant le Buste de* MARIE LOUISE, *qu'ils placent au dessus de la fontaine.*

Air *nouveau de M. Darondeau.*

JAVOTTE ET MARIE.

Allons, gai sur le r'frain,
Voilà les Jardinières ;
D'leur Patronne ell' sont fières,
C'est la Rose d'ieux jardin.

TOUS.

Allons, gai, etc.

MARIE.

Contemplez l'image de notre Princesse,
Et que l'allégresse
Règne dans tous les cœurs.
Ah! voyez les attraits dont elle brille;
Elle est bien en famille
Dans le milieu des fleurs.

TOUS.

Allons, gai sur le r'frain, etc.

LOUISE.

Air : *C'est à mon Maître en l'art de plaire.*

Pour la beauté douce et naïve,
J'ai su composer un bouquet;
Voilà d'abord la sensitive,
De sa pudeur c'est le portrait.
Voici la rose la plus belle,
Vrai symbole de sa fraîcheur;
Et puis j'y joins une immortelle,
Pour l'emblème de son bonheur.

LAVALEUR.

Air : *L'Hymen est un lien charmant.*

Enfans, approchez tous les deux
De notre auguste Protectrice.
Se peut-il que l'on vous unisse
Sous des auspices plus heureux :
Non; ce jour doit combler vos vœux.
J'en accepte le doux présage,
Oui la France touche au bonheur.
Ah ! l'on doit dans le mariage
Faire un charmant pélerinage,
Quand les Grâces et la Valeur
Sont les compagnes du voyage.

(*On entend des boëtes, des pétards, et on voit au fond partir des fusées*).

LAVIRON.

Eh ! dites donc, mon camarade,
Qu'est-ce que j'entendons par là bas?
On diroit d'une canonade.

JAVOTTE.

Eh pardi ne l'voyez-vous pas.

Air : *Servantes quittez vos paniers.*

De l'aut' côté voyez ces feux
Au d'sus de c'tédifice;
Quoiqu'ils s'élèvent dans les cieux,
Faut tout d'mêm' qu'ça finisse.
Je n'faisons pas ici tant d'frais,
Mais nos sentimens sont plus vrais,
Et nos cœurs offrent des bouquets
Qui n'sont pas d'artifice.

ROSSIGNOL.

Est-ce que vous croyez que je n'suis pas comm' vous
Sensible au bonheur de la France.

Pour fêter ces heureux époux,
J'ai mon p'tit couplet d' circonstance :

Air : *A la papa.*

L'Emp'reur comblant nos souhaits,
Pour le bonheur des Français
S'marie exprès;
Et de c'thymen là,
Dans neuf mois à la ronde,
Tout l'monde
Verra
Qu'il se s'ra
Tiré d'çà
A la papa.

CRINCRIN.

Ah ça me v'là tout prêt pour bien vous mettre en danse.
Si vous faisiez un' contredanse :
Après cela j'répétrons nos couplets,
Puis j'irons jusqu'au Louvr' présenter nos bouquets.

TOUS.

Bravo, va pour un' contredanse. (*On se place*).

CRINCRIN.

Air : *Trémoussez-vous.*

Vive Louise et viv' Lafrance,
Est-il un refrain plus flatteur!
Je l'chantons de tout notre cœur,
Dansez donc tous,
Trémoussez-vous;
Quel moment plus doux
Trémoussez-vous
Tous en cadence,
Jeunes époux, ne craignez rien.
Trémoussez-vous bien.

(*On danse*).

Tandis qu'ici l'on rit, on danse,
Et qu'on s'trémousse à peu de frais;
On s'trémousse aussi dans l'Palais,
Not' Général
Ouvre le bal;
Quel moment plus doux, etc.
(*On danse*).

Après l'minuet d'accoutumance
Dans tout' les noces du bon ton,
De danser l'all'mande il s'ra bon,
A c'te dans' là
Louis' brillera;
Quel moment plus doux, etc.
(*On danse*).

VAUDEVILLE.

Air : *de Bastien et Bastienne.*

CRINCRIN.

Gai, gai, chantons en chœur
Not' patronne
Belle et bonne.
Des fêt's en son honneur,
La plus belle est cell' du cœur.

LAVIRON.

Je n'savons ni compliment,
Ni rubrique
D' r'hétorique;
Mais j'disons tout franchement
Que j'laim'rons ben tendrement.

TOUS.

Gai, gai, etc.

MARIE.

J'espérons, comm' de raison,
Qu' not' chère
Propriétaire

Viendra queuq'fois sans façon
Se fair' voir dans sa maison.

TOUS.

Gai, gai, etc.

GOUTMANN.

Entre l's All'mands, les Français,
Plus de guerres,
Qu'ils soient frères;
Et qu'un mariag' pour jamais
Contr' l'usage assur' la paix.

TOUS.

Gai, gai, etc.

ROSSIGNOL.

En fait d'complimens nouveaux,
Qu' sur la rime
L'on s'escrime,
J'dis qu' les miens sont les plus beaux,
Car j'en sais faire aux oiseaux.

TOUS.

Gai, gai, etc.

JAVOTTE.

On peut la fêter ailleurs;
Mais franchise
Est not' devise;
N'y aura pas d'bouquets meilleurs
Que ceux du Marché z'aux Fleurs.

TOUS.

Gai, gai, etc.

LAVALEUR.

Espérons qu'un gros Poupon
De c'mariage
S'ra le gage,

Et qu'il hérit'ra du r'nom
D'son Papa NAPOLÉON.

TOUS.

Gai, gai, etc.

LOUISE, *au Public.*

Ne croyez pas que l'Auteur,
Si la pièce
Vous intéresse,
A l'esprit en fasse honneur,
Il a tout pris dans son cœur.

TOUS.

Gai, gai, etc.

FIN.

www.ingramcontent.com/pod-product-compliance
Ingram Content Group UK Ltd.
Pitfield, Milton Keynes, MK11 3LW, UK
UKHW022003260726
13994UKWH00004B/1924